미공개 실내악

미공개 실내악

ⓒ 김목인, 2022

초판 1쇄 발행　2022년 6월 17일
초판 2쇄 발행　2025년 8월 18일

지은이　　　김목인
책임편집　　이아립
교정　　　　이민희
디자인　　　이아립

펴낸곳　　　픽션들
펴낸이　　　이영주
전화　　　　070-4647-2432
팩스　　　　02-6305-0402
인스타그램　instagram.com/fictiondle
전자우편　　fictiondle@gmail.com

ISBN　　　979-11-971431-7-5

* 이 책 내용의 전부 또는 일부를 재사용하려면 반드시 저작권자와 픽션들 양측의 동의를 받아야 합니다.

미공개 실내악

김목인 쓰고, 작곡하고, 그림

fic
tion
dle

1악장

모르는 이웃들을 위한 모음곡

작곡가 · 자라 · 고교생들 · 종점 · 냉동 창고 · 벨라루스
버스 안의 토론 · 카페 · 정원 있는 집 · 저녁의 중고 서점 · 리모델링
폭우 · 숲 놀이터 · 하차벨 · 건물주 · 정육점 주인 · 슈퍼 주인들
설비업자 · 목 좋은 편의점 · 백로 · 편의점 주인 · 은행 앞 참새들

2악장

결국 인생의 문제는 모니터

3악장

대기실 유형 연구

120

4악장

무대에 대한 단상

152

마치며

특별할 건 없지만 온갖 일이 일어나는 곳

177

1악장

모르는 이웃들을 위한 모음곡

모르는 이웃들을 위한 모음곡
- 피아노와 낭독을 위한 작품 -

인생이 꿈이라면
여기 이 사람들, 말 한 번 나눈 사이도 아니면서
한동네에 머무는 이들은
왜 이리도 생생하며
오늘 하루는 왜 이리도 섬세한 걸까?
왜, 대체 무엇을 위해?

작품의 활용을 위한 안내

1. 이 작품은 피아노 반주를 곁들여 낭독할 수 있게 만들어졌다.

2. 낭독자와 피아노 반주자는 서로를 초대할 경우 마실 것과 간단한 다과를 준비한다.

3. 다음 페이지의 주제 멜로디는 시작과 끝, 그리고 낭독을 위한 22편의 글 사이마다 연주한다. 총 23번 연주하는 것이 원칙이지만 상황에 맞추어 생략도 가능하다.

4. 낭독 중에 반주자는 각 글에 포함된 멜로디를 참고해 즉흥적인 반주를 곁들일 수 있다.

5. 중간에 등장하는 간주곡은 변화를 주고 싶을 때, 주제 멜로디 뒤에 붙여 연주할 수 있다.

주제 멜로디

건국가

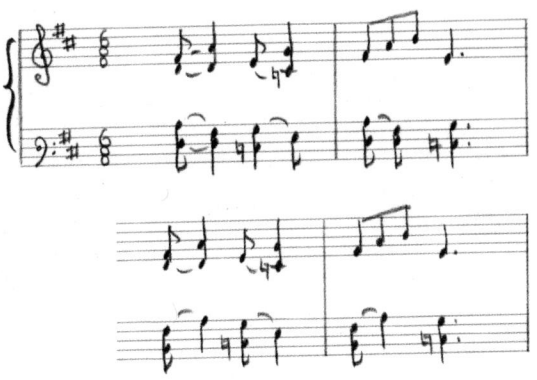

작곡가

작곡가는 모처럼 마음이 여유로웠고 식구들이 오기 전 저녁을 준비해보기로 했다. 잠깐 동안 틀어놓을 음악이 있으면 좋을 것 같았다. 그러나 적당한 음악을 찾는 건 쉬운 일이 아니었다.

세상에 음악이 적은 것은 아니었다. 다만, 평소에 취향을 모아둘 만큼 그의 삶이 여유롭지 못했을 뿐이다. 열어둔 창가에 달아둔 풍경이 살짝 울렸다. 결국 그는 선곡을 포기하고 요리에 집중하기로 했다. 왜 자신은 이런 저녁에 어울리는 음악 하나 만들지 못했나 싶어졌다. 저녁에 어울리는 노래, 그건 너무나 흔한 주제라고 생각했는지도 모른다. 그동안 특별한 주제만 궁리하며 살아왔던 것이다.

그는 재료들을 볶으며 어울릴 곡들을 상상했다. 저녁의 준비부터 식사 시간이 끝날 때까지 틀어두면 좋을 음악들을. 이것저것 기준도 생각해보았다. 너무 오랜 추억이나 삶의

회한을 떠올리게 하는 것은 싫었다. 이국적인 분위기를 내고자 한다면 외국 음악을 듣는 편이 나을 것 같았다. 그는 그저 이 시간을 살짝 한 번 북돋아주어 불안하지 않은 밤으로 안내할 수 있는 음악이면 싶었다.

자신이 틀어둘 음악을 직접 만든다는 발상에 순간 기분이 좋아졌다. 이번 작업만 끝나면 만들어보기로 마음먹었다. 그러나 그런 음악이 있다 해도 매번 들을 수 있을까. 한두 번 듣고 다른 음악이 당긴다면 굳이 작곡까지 해야 할까. 또 저녁 내내 틀어두려면 꽤 긴 곡, 혹은 여러 편의 곡이 필요한 건 아닌가 싶어졌다. 무작위로 반복하면 괜찮을지도 몰랐다. 배열에 따라 다른 분위기로 이어지는 음악. 그러나 이미 스트리밍 시대의 사람들은 음악을 그렇게 듣고 있었다.

그의 생각은 요즘 작업하다 미뤄던 곡들로 옮아갔고, 이러다가는 모처럼의 여유마저 손상될지 모른다는 생각이 들었다. 그는 오늘은 음악 없이, 조용한 동네를 내려다보며 요리에만 집중하기로 했다.

가자

자라

남자는 언제부턴가 징검다리를 건너며 물속을 들여다보는 습관이 생겼다. 종종 잉어나 송사리 떼가 수초 밑으로 움직이는 게 보였기 때문이다. 비가 와 큰물이 한차례 휩쓸고 가면 수초도 사라지고 고기들도 보이지 않았지만 시간이 지나면 다시 무언가가 물 밑에 어른거리곤 했다.

오늘은 다 건널 즈음 뭔가 보인 것 같아 되돌아왔다. 물고기가 아니었다. 자라였다. 자라는 물 밖으로 뾰족한 주둥이를 내민 채 천천히 얕은 물속을 헤엄치고 있었다. 그는 이곳에서 자라를 본 것이 너무나도 놀랍고 신이 났다. 모두에게 외치고 싶을 만큼!

그러나 오늘따라 천변의 사람들은 각자 바쁜 느낌이었다. 평소 같으면 누가 물속을 보면 괜히 다가와 같이 들여다보는 한가한 이들이 한둘 있었을 텐데, 오늘은 혼자 보아야 했다. 자라를 혼자 보다니 아까운 일이었다.

징검다리 초입에는 잠자리채를 들고 온 아이와 아빠가 허공만 쳐다보며 잠자리를 잡고 있었다. 그는 이쪽에 더 신기한 게 있어요, 라고 말해주고 싶었지만 그러지 못했다. 둘의 시간을 방해하는 것 같았기 때문이다.

자라는 그사이 천천히 먼 곳으로 나아갔다. 도중에 얕은 물가로 가 더 많은 부위를 물 밖으로 드러냈지만 다시 수초 밑 그늘로 잠수했다. 그는 징검다리에 선 채 휴대폰을 꺼내 데이터 저장 용량을 꽉 채운 동영상 몇 개를 지웠다. 그리고 어디가 물이고 어디가 수초인지, 무엇이 자라인지 모를 사진들을 여러 장 찍었다.

그림세들

고교생들

집 앞 언덕으로 고등학생들이 내려온다. 둘 셋씩 짝지은 그들 덕에 동네는 잠깐 시끌벅적해진다. 한 학생이 가방 한쪽을 어깨 밑으로 늘어뜨린 채 친구들에게 소리친다.

"너네 지금 사람 무시하는 거야?"

친구들이 깔깔 웃는다. 그는 진짜로 항의하고 있는 것이 아니다. 어느 순간부터 우스꽝스런 역할을 맡았고, 자신이 만들어낸 캐릭터를 연기하고 있는 중이다. 가방을 일부러 희한하게 멘 채로 그는 친구들을 앞질렀다 다시 돌아오며 광대처럼 움직인다. 다른 아이들은 깔깔 웃으며 계속 뒤엉켜 언덕을 내려간다.

학생들은 그렇게 곧 버스를 나누어 타고 집으로, 학원으로, 시내의 어딘가로 흩어질 것이다. 그러면 다시 동네도 조용해질 것이다. 그러나 지금 수업은 끝났고, 학생들은 걸어가고 있고, 날씨는 맑다. 걸어 내려가고 있는 모두의 앞에 영원한 시간이 펼쳐져 있는 것만 같다.

좀 전의 그 학생은 저 멀리서도 계속 우스꽝스런 몸짓으로 걸어가고 있다. 앞서거니 뒤서거니 하면서. 짧은 거리도 그냥 가는 법이 없다. 그는 그렇게 자신의 10대를 보내고 있다.

종점

종점

마을버스 기사들에게는 휴게 시설이 부족해 보였다. 화장실은 종점 한 정거장 전에 있는 어느 가게를 이용했는데, 그 앞에 버스가 서면 승객들은 종종 차에 탄 채로 기사를 기다렸다. 언덕이 높아 걷는 것보다는 기다리는 쪽이 나았기 때문이다. 기사가 돌아오면 버스는 한차례 굉음을 내며 올라가 종점에 사람들을 내려주었다.

그곳에는 동네에서 모아온 듯한 의자들과 나무에 걸어놓은 시계, 운행 시간표와 거울, 청소 도구 등이 있었다. 가끔 대기 중인 버스에 탄 손님들은 멍하니 이 물건들을 바라보다가 새삼 그 조합이 흥미롭다고 생각하기도 했다.

여름이면 의자 밑으로 모기향을 피웠는데 아마 버스 기사들이 교대할 때까지 한참을 야외에서 보내려면 모기를 쫓는 게 큰일이라 그런 것 같았다. 한때 나무 뒤에는 그들 중 한 사람이 가꾼 텃밭도 있었다. 그러나 어느 해에 그 부근이 콘

크리트로 정비되며 밭까지 사라져버렸다.

버스 회사에서는 손님이 많지 않은 이 노선을 계속 운행할지 고민 중인 것 같았다. 기사들은 가끔 텅 빈 버스에 교대할 기사 한 명만을 태우고 올라오기도 했고, 잘 아는 이웃이 엉뚱한 지점에서 손을 흔들면 마지못해 정차하기도 했다. 바람이 빠지는 소리와 함께 앞문이 열리고 손님이 씩 웃으며 버스에 올라타면, 기사는 이런 식으로 핀잔을 주곤 했다.

"이게 택시요, 택시?"

냉동창고

냉동 창고

청년은 잠이 많았지만 새벽에는 꼭 한 차례씩 눈을 떴다. 앞 건물 냉동 창고에서 일찍부터 트럭에 물건을 싣는 소리가 들려왔기 때문이다. 한 번도 내다본 적은 없었다. 그러나 소리로 물건을 싣고 내린다는 것을 알 수 있었다.

앞 건물이다 보니 언제부턴가는 사장과 목례도 나누게 되었다. 새벽 시간 이외에 사장은 한가해 보였고 말없이 씩 미소를 지으며 인사를 받곤 했다. 연세가 꽤 되어 보였지만 꼿꼿한 몸에 근육질이라 젊은 시절 한 주먹 했을 것 같은 느낌이었다. 사모님은 창고 옆 사무실을 지켰는데, 누구에게나 활짝 웃는 얼굴이었지만 일하는 사람들이 실수를 할 때면 꽤 엄격하게 주의를 주곤 했다.

청년은 재미로, 그곳이 카르텔의 중간 창고가 아닐까 상상해보았다. 영화 속 마약 운반 창고는 항상 그렇게 의외의 장소에 있었다. 매복하던 요원들은 창고 주인이 외출하길 기다렸다가 막대한 병력과 함께 급습을 했고, 거기에 있는 것은 풀풀 날리는 밀가루 포대들뿐이었다. 청년은 허탈하게 밀가루를 맛보는 요원과 그의 사무실에 압정으로 꽂혀 있는 사장 부부의 사진을 상상했다.

어느 여름 땀 흘리며 집에 돌아오던 청년은 사장이 자신을 손짓으로 부르는 걸 알아차렸다. 그는 상자 하나를 툭 던져주더니 가져가라고 했다. 뭔지 설명도 자세히 해주지 않고 그저 물이 두 번 후루룩 끓어오르면 끄라고만 했다. 청년은 집에 들어와 현관에 상자를 내려놓고 조심스레 열어보았다. 여러 봉지의 냉면과 얼린 육수였다.

벨라루스

벨라루스

완만한 경사로로 몇 명의 서양인들이 오르내리는 걸 봤을 때, 처음에는 미국인 선교사들이라고 생각했다. 그들의 국적을 알게 된 것은 그 가운데 한 명의 자녀로 보이는 아이가 미끄럼틀에서 또래 아이들의 편견을 고쳐주는 모습을 보았을 때였다. 아이는 이렇게 대답했다.

"나 미국 사람 아니야."
"그럼 어딘데?"
"벨라루스."
"벨라루스?"

아이들은 어리둥절해했다. 나 역시 벨라루스를 들어보긴 했지만 잘 몰랐기에 검색을 해보았다. 벨라루스는 '하얀 러시아'라는 뜻이었고, 개화기 때의 이야기에 종종 나오는 백러시아도 벨라루스였다는 것을 알게 되었다. 그러나 그런 정보들은 편견을 더할 뿐이었다.

한번은 중국집에서 키 큰 벨라루스인이 홀을 담당하는 키 작은 직원에게 화장실 위치를 묻는 것을 보았다. 그도 언덕을 규칙적으로 오르내리던 이들 중 한 명이었다. 덩치가 워낙 크다 보니 직원은 상대적으로 아이처럼 보였고, 조용히 화장실이 어디인지 묻는 벨라루스인의 자세는 마치 신도에게 축복을 내려주는 정교회 사제의 모습 같았다. 긴 수염이 온화한 표정을 감싸고 있었다.

나는 벨라루스에 대한 뉴스라도 보면 그들을 떠올리게 되었다. 수도 민스크는 아름다워 보였고, 체르노빌 원전 사고 때 국토의 10%가 피해를 입었다는 것도 알게 되었다. 그들은 요즘도 열심히 비탈진 길을 오르내리고, 그 비탈 끝에는 산이 있다. 겨울이 되면 산은 더 울창하고 깊어 보이고 나는 자주 그 산 너머가 벨라루스라고 상상을 해보게 된다.

버스 안의 토론

버스 안의 토론

시내버스 안에 그런 어르신이 있는 줄은 몰랐다. 아마 다른 승객들도 몰랐을 것이다. 기사가 차를 세우고 운전석에서 일어나기 전까지는.

다소 예민한 성격의 기사는 한 어르신을 지목했다. 항상 무임승차를 하는데, 더 이상은 봐줄 수가 없으니 그만 내리라는 것이었다. 안 그러면 경찰에 신고를 하겠다고 경고했다.

어르신은 대답은커녕, 경고의 대상이 누구인지 모르겠다는 듯 꿈쩍도 하지 않았다. 기사의 예민함은 더욱 심해질 뿐이었다. 결국 기사는 두 정거장 정도 더 가서 다시 버스를 세우고 어르신에게 한 차례 더 경고했다. 승객들도 슬슬 짜증을 내기 시작했다. 다들 내려버리거나 빨리 가라고 항의할 만큼 바쁘지는 않았지만 그런 일로 정차하는 건 누구도 원치 않았기 때문이다.

이상한 토론은 그때 시작되었다. 경찰에 신고할 줄 알았던 예민한 기사는 갑자기 토론 진행자 느낌으로 승객들에게 이렇게 물었다.

"자, 여러분은 어떻게 생각하세요?"

잠시 침묵이 흘렀다. 민주적 토론 문화에 익숙하지 않거나 그 어르신처럼 질문을 외면하며 꿈쩍 않고 앉아 있던 것인지 모른다. 그러나 결국 한 사람이 "거, 어르신이 몸이 좀 불편하신가 보네요"라고 운을 띄웠고, 가장 적극적인 사람이 간결한 방안을 제시했다.

"그냥 갑시다!"

그렇게 해서 버스는 네 번째 정거장으로 다시 출발했고, 더 이상 오래 정차하지 않았다.

가메

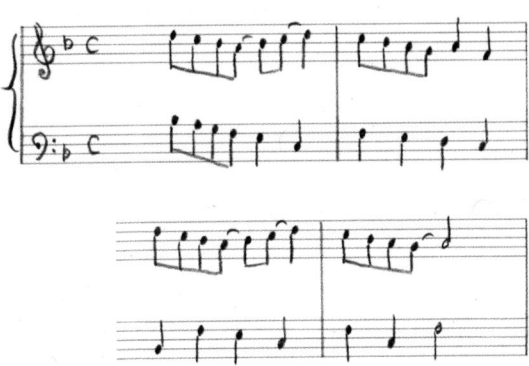

카페

카페 주인은 부모님의 도움으로 집 가까운 곳에 카페를 차렸다. 그러나 그가 구상한 카페는 부모님이 생각한 카페와는 달랐다. 인테리어는 물론 티 코스터 하나까지 섬세한 계획이 있었고, 간판도 일부러 달지 않기로 했다. 식물도 정해두었고, 내부는 꾸미되 너무 꾸민 것 같지 않아야 했다.

번화가에서 먼 동네였지만 곧 카페를 찾는 손님들이 생겨났고, 주인과 성향이 비슷한 손님들은 인테리어부터 잔 하나까지 섬세하게 감각을 음미하고 돌아갔다. 바깥에서 소문이 나자 거꾸로 이 카페를 찾는 동네 사람들이 늘었고, 카페가 더 잘되길 바라는 사람들도 많아졌다.

사람들은 점점 어떤 메뉴를 추가해보라거나 간판을 달면 찾기 좋을 거라고 조언했다. 그저 지나가듯 한 말이었지만 그 모든 게 그의 자존심을 건드렸다. 그가 바란 것은 단순히 카페가 잘되는 것만은 아니었지만 그렇다고 안 되길 바란 것도 아니었다. 사람들의 선의를 이해 못 하는 바도 아니었지만 그렇다고 가볍게 넘길 수도 없었다. 또 사람들의 선의에 예민해지는 자신이 좋아 보이질 않으니 한결 더 예민해졌다.

카페는 계속 잘되었고, 찾아오는 사람들도 많아졌고, 그럴수록 주인은 점점 더 예민해졌다. 그리고 얼마 안 가 새로운 동네로 가야겠다고 결심했다.

정원 있는 집

정원 있는 집

주변에서 유일하게 정원이 있던 그 집은 담장의 벽화로도 유명했다. 지자체의 사업으로 아이들이 그린 벽화를 많은 이들이 기억했다. 아예 '벽화 있는 집'으로 부르는 이들도 많았다. 이제 그 벽화는 없고, 주인도 바뀌었다.

주인이 바뀌기 전 어느 날 동네 사람들은 이 집에서 싸우는 소리를 들었고, 측량을 하러 온 사람들이 밖에 서 있는 걸 보았다. 주인 할머니가 마당에 선 채 고래고래 욕을 퍼붓고 있었다. 심지어 돌인지 흙덩이인지를 던지기도 했는데, 측량 담당자가 맞지는 않았다. 정확히 겨냥해 던진 건 아니었고, 담당자도 그저 골치 아프다는 듯 한 발짝 자리를 옮겼을 뿐이다.

얼마 뒤 포클레인이 와 담장을 허물었고, 인부들이 좀 더 안쪽에 새로운 담을 세웠다. 담이 물러나며 생긴 빈터에는 허술한 철제 울타리가 세워졌고, 사람들은 그곳의 용도가 무엇인지 궁금해했다. 주차장치고는 좁았고 바닥에 시멘트를

깐 것으로 보아 화단도 아니었다. 그 자리는 그렇게 오래 비워져 있었다.

그리고 새 주인이 이사를 왔다. 가을이 되자 빈터 안에 낙엽이 쌓였고, 울타리도 녹이 슬기 시작했다. 비가 온 다음 날이면 목적지를 잃은 지렁이들이 천천히 기어다니곤 했다. 사람들은 예전 주인이 소유권이 없는데도 그 땅을 썼었다는 걸 알게 되었다. 하지만 그 자리에는 아름다운 텃밭이 있었고, 많은 이들이 좋아하던 담장이 있었다.

제3의 증조서경

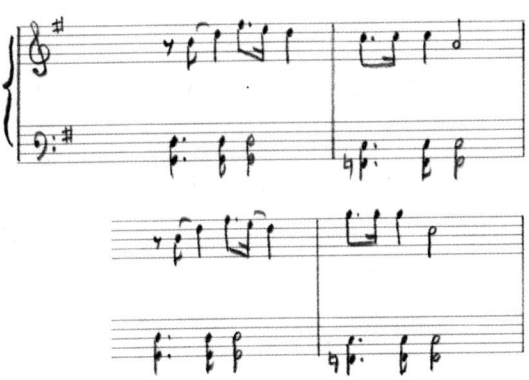

저녁의 중고 서점

아이 아빠가 책장에서 책 한 권을 빼어들더니 아이에게 말했다. "와, 이것 봐. 이거 아빠가 만든 책인데." 아빠는 그림도 내용도 전부 자신이 맡아 만든 책이라고 설명했고, 아이는 멍하니 책을 받아 들어 구경했다.

나는 잠시 다른 코너에 다녀왔고, 여전히 이어지고 있는 대화로 상황을 짐작했다. '원래 그래야 하는데…'라는 어색한 대답으로 미루어 책에 아빠 이름이 없는 것에 대한 아이의 질문이 있었나 보았다. 나는 책을 만들었지만 이름이 없는 그가 디자이너일까 외주를 받아 일한 저술가일까 편집자일까 궁금했다. 아마 그 책은 참여한 사람을 다 명확히 표기하지 않는 잘못된 관행의 산물인 듯했다.

아이는 열심히 책장을 넘겨 보았고, 아빠는 그대로 아이를 데리고 자리를 옮겼다. 거기에 아이 엄마가 앉아 있었다. 엄마는 책상에 앉아 미간에 힘을 준 채 독서를 하고 있었는데,

남편은 아내에게도 자신이 만든 책을 보여주었다.

"여보, 이것 봐. 내가 만든 책이야."

그러나 돌아온 대답은 의외였다. "여보" 하고 침묵이 흐른 뒤, "나, 책 좀 읽자" 하는 묵직한 대답이 돌아왔다. 엄마에게는 꽤 소중한 시간이었던 것이다. 아이 아빠와 아이는 '네, 알겠습니다'라는 태도로 원래의 위치로 돌아갔다. 나도 왠지 '아, 그게 선생님이 만드신 책이로군요'라고 칭찬해주어야 할 것 같았다. 어쩌면 그 서점에는 아이 아빠가 만든 책이 꽤 많았고, 볼 때마다 뽑아와 아내에게 여러 번 말한 뒤였는지도 모르겠다고 생각했다.

리오멜녕

리모델링

부부는 요즘 공사를 보러 오는 게 낙이었다. 낡은 독채 하나를 사서 고치고 있었기 때문이다. 이것저것 뜯어내고 나자 심란할 만큼 남은 게 없었지만, 집은 조금씩 새로운 모습을 갖추어나갔다.

부부가 몰랐던 것은 주변에 이 집을 내려다보는 사람들이 꽤 있다는 사실이었다. 집들이 비탈을 따라 서 있다 보니 자연히 언덕 가장 밑의 이 집이 내려다보였던 것이다. 더군다나 이 조용한 동네에 드릴 소리를 내며 리모델링이 이루어지는 건 흔치 않은 일이었다. 또 누군가가 카페가 생길 거라는 추측성 이야기를 전했다. 동네 사람들은 각자 카페를 상상하며 이 집을 내려다보기 시작했다.

일부는 큰길에서 깊숙이 들어온 이런 곳에 카페가 생긴다는 걸 신기해했고, 또 다른 일부는 잘될까 운영을 걱정하기도 했다. 또 일부는 요즘은 이런 곳에 있어도 다 소문 듣고 찾아온

다면서 유행을 얘기했다. 카페 같은 것은 생각지도 않은 부부는 텅 빈 옥상의 활용을 고민하고 있었다. 철제 프레임을 세워 광목천을 걸면 휴양지 느낌을 낼 수도 있고, 한구석에는 조그만 화단을 꾸밀 수도 있을 거라 생각했다. 자녀들의 가족이 놀러오는 날에 옥상에서 고기를 굽는 상상도 했다.

그러나 주민들은 1층에서 주문을 마치고 철제 계단으로 올라와 옥상에서 커피를 마시는 자신을 상상했다. 2층의 창가에서 언젠가 한 번쯤 구상한 단편소설을 써볼까 생각하는 주민도 있었다. 호기심이 많지만 집요하지는 않은 이 동네의 주민들은 가끔 저녁 산책을 하며 이 건물을 나름의 기대를 안고 바라보았다.

공사가 끝나고 몇 달이 지난 어느 비 오는 날, 옥상에는 다 해진 광목천이 펄럭이고 있었다. 부부는 옥상의 활용이 생각만큼 만만치 않다는 걸 깨달았고, 그곳을 점점 더 비워두게 되었다. 동네 사람들도 카페 옥상이 될 줄 알았던 그 집의 옥상을 가끔 슬쩍 내려다보았다.

폭우

폭우

정류장의 지붕 밑에 있어봤자 소용이 없었다. 작곡가는 아내와 아이가 비를 덜 맞도록 가장자리를 막고 서 있었다. 금세 비가 등을 적셨다. 젖은 여름 셔츠가 돌풍에 한 번 부풀었다 살에 닿으니 더욱 차가웠다.

술기운으로 흥에 겨웠던 정류장의 등산객들도 난데없는 폭우에 술이 다 깨버렸다. 버스는 안 왔고 정류장 안의 모두는 '아는 사이'가 되어버렸다. 다 함께 비에 젖어 지붕 밑에 오밀조밀 모여 있었기 때문이다. 그리고 어느새 이 상황을 즐기기 시작했다.

"아이쿠야! 비가 아주……" 하며 감탄하던 등산객 한 명이 작곡가에게 "야, 혼자 다 막고 있네!" 하며 껄껄 웃었다. 하지만 작곡가는 비를 막을 수 없었다. 가장 많이 맞고 있을 뿐이었다. 모두가 마치 정겨운 시골이 배경인 어느 소설의 결말처럼 허허롭게 하늘을 올려다보았다.

어느덧 구급차처럼 마을버스가 도착했다. 작곡가가 아내와 농담 삼아 했던 이야기를 아이는 그만 기사에게 털어놓고 말았다. "저희 집 앞에 세워주시면 안 돼요?" 전혀 비를 맞지 않아 유쾌해 보이는 기사가 태연히 대답했다. "글쎄다. 난 너희 집이 어딘지 모르는걸."

버스는 조용히 골목을 올라갔고, 기사는 종점으로 가는 척하다가 작곡가의 집 앞에 버스를 세워주었다. 이미 비는 다 맞았고, 어디 내리든 별 차이가 없었지만 작곡가의 가족은 덕분에 무사히 집에 왔다고 여러 번 이야기했다.

간주곡

숲 놀이터

숲 놀이터

숲에는 나무로 만든 놀이터가 있었고 예상대로 아이는 그냥 지나치지 않았다. 게다가 오늘은 처음 보는 또래 두 명까지 있었는데, 조금 젊어 보이는 할아버지와 함께였다.

할아버지는 자연학습을 생각하며 모종삽을 챙겨오신 듯했지만, 아이들은 어느새 우리가 들고 온 원반에 빠져들었다. 각자 숲의 경사진 곳 양쪽에 서서 수없이 원반을 주고받았다. 그러다가 조금 뒤에는 어른들에게까지 원반을 던져 우리는 계속 적당한 방향으로 되던져주어야 했다.

아이들이 나무 사이로 원반을 주고받느라 고래고래 소리 질러서 몰랐지만, 할아버지는 손주들이 한국말이 좀 서투르다고 알려주었다. 미국에 있던 자녀들이 코로나19 때문에 급히 귀국해 한동안 머물렀는데 이제 돌아간다고 했다. 손주들과 꽤 잘 놀아주는 듯 보였지만 그간 여간 힘든 게 아니었다며 웃었다.

우리는 여유롭게 숲을 통과하는 게 목적이었지만 원반던지기가 주가 되어버렸고, 한 시간이 넘어 숲이 서늘해질 즈음에서야 놀이가 끝났다. 아이들은 어느새 친해졌고, 서로 또 보자는 약속을 주고받았다. 아이들은 항상 그렇게 기약 없는 약속을 한다.

아이는 친구들이 미국으로 가야 해서 언제 또 올지 모르겠다는 할아버지의 설명에 실망한 듯했다. 그러나 곧 "그럼 할아버지는요?"라고 엉뚱한 질문을 했다. 할아버지는 웃으며 "나야 이 동네에 계속 있지"라고 말했다. 아이는 비로소 수긍했고, 우리는 작별 인사를 나누었다. 숲을 내려오며 우리는 다시 한번 손을 흔들었다. 마치 할아버지와는 내일 또 만나기로 한 것처럼.

하라버il

하차벨

오후 두 시 반의 버스 승객은 대부분 아주머니들이었다. 아주머니들은 힘든 일에 대한 혼잣말을 한숨처럼 내뱉으며 흔들리는 좌석에 다양한 각도로 앉아 있었다. 발밑에 짐이 있었기 때문이다.

문제는 하차벨이 작동하지 않는 걸 한 사람이 발견하며 시작되었다. 버스 기사가 하차벨을 안 누르는 데 얼마나 예민하게 구는지 모두들 알고 있었다. 깜빡했다고 말해도 기사들은 얼마나 면박을 주었던지. 게다가 이번 기사는 더 예민한 듯했다. "아저씨, 벨이 안 눌러지네요"라고 했지만 답이 없었기 때문이다.

다행히 첫 아주머니는 무사히 내렸다. 기사가 알아서 문을 열어주었기 때문이다. 어쩌면 기사는 벨이 고장 난 것을 알고 있는지도 몰랐다. 그러나 기사가 계속 그렇게 정류장마다 문을 열어줄지 확신할 수 없다 보니, 다음 정류장에서 내려야 할 아주머니의 초조함은 가시지 않았다. 뒷자리의 이웃들에게 "벨이 고장 났나 보네, 벨이 고장 났어"라고 중얼거릴 뿐이었다.

그때 조용히 앉아 있던 한 아주머니가 하차벨을 다시 눌러보았고 차내의 모든 하차벨이 거짓말처럼 켜졌다. 이 이상한 일을 각자의 방식으로 정리하느라 다들 웅성이기 시작했다. "뭐야? 또 되네?" "아까는 안 됐잖아!" 서로 모르는 사이였지만 하차벨이 고장 난 걸 나만 본 건 아니라는 동류의식이 생겨났다. "분명 아까는 안 됐었잖아" 기사는 여전히 침묵 속에 운전을 했고, 한 아주머니가 방금 있었던 이상한 일을 짧게 정리했다.

"됐다 안 됐다 하나 보네."

건물주

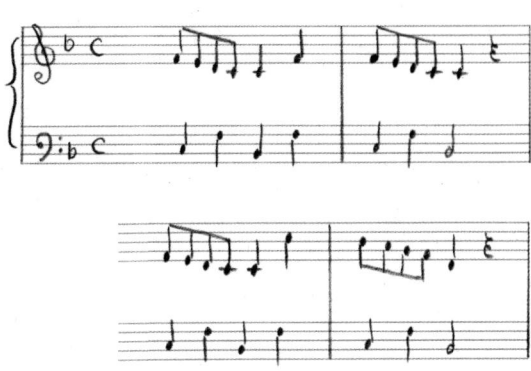

건물주

건물주인 부부는 고래고래 소리를 지르며 부부싸움을 할 때면 서로 전권을 휘두르는 듯 보였으나 세입자와 얘기하다 불리해지면 이렇게 말했다.

"몰라. 그건 우리 애 엄마가 알아."
"몰라. 그건 우리 아저씨가 알아."

두 사람은 집 안에서 조용히 공모하고 있는지도 몰랐다.

"일단 당신이 안다고 해두었어."

그 건물에서 나오는 과정은 그리 유쾌하지 않았지만 그런대로 무사히 넘기며 빠져나왔다. 현관에 가위를 걸어두면 집이 잘 나간다는 미신을 늘어놓으며 우리 가위를 아랫집에도 걸어두겠다고 해 그냥 하나를 주고 오기도 했다.

다시는 그 부부를 마주치지 않으려 했으나 한동네에 살다 보니 다시 마주칠 때가 있었다. 특히 아주머니는 선캡을 눌러쓰고 짐을 잔뜩 든 채 골목에서 갑작스레 나타나곤 했다.

그럴 때면 아주머니는 활짝 웃으며 반가워했다. 그리고 이렇게 말했다. "어디, 저 위에 사는 거야? 난 몰라. 우리 아저씨는 알던데"라고. 아저씨가 우리의 새 집을 알 리가 없었다. 그건 그냥 오랜 건물주다운 아주머니의 말버릇이었을 뿐이다.

경찰서 주인

정육점 주인

정육점은 건물 폭이 좁았지만 안으로 길게 이어진 구조였다. 안쪽으로 한 단 높은 마루가 있고 그 너머가 가정집이었다. 가게에 들어서면 "예" 하는 소리와 함께 아저씨가 나왔고, 고기를 꺼내어 썰 무렵이면 아주머니도 나왔다. 두 분은 사이가 좋아 보였고, 아마 오랜 세월 그렇게 일해 어느 정도 시간차를 두고 나오면 맞는지를 정확히 알고 있는 것 같았다.

나는 아저씨가 국어나 사회 교사 경력이 있는 분 같다고 생각했는데, 사실 어디에도 그런 흔적은 없었지만 왠지 그랬다. 가게가 좁아 의자에 앉아 기다리면 저울이 코앞에 보였다. 옆에는 인삼 사탕 같은 것들도 있었고, 커피도 타 마실 수 있게 되어 있었지만 헤이즐넛 향이 정육점 냄새와 살짝 섞여 있어 한 번도 마셔볼 생각은 하지 않았다. 게다가 아저씨의 손이 빨라 그럴 틈도 없었다.

한번은 험상궂은 얼굴에 덩치가 큰 사람이 육사시미를 달라며 아저씨에게 다소 고압적인 태도를 보이고 있었다. 그 좁은 가게 안에서 도로 나가기도, 바짝 붙어 있기도 뭣해 나는 문가에서 순서를 기다렸다. 아저씨는 평소보다 더 성실한 모습으로 고기를 잘랐고 곧이어 계산을 끝냈다. 나는 문밖으로 슬쩍 피했다 다시 안으로 들어왔다.

아저씨는 내게 카레에 넣을 고기의 양을 보여준 뒤 "난 깍두기들은 정말 싫어"라고 중얼거렸다. 처음이 아닌 듯했다. 아저씨의 성실함이 그 험상궂은 사내의 마음에 들었고, 그래서 항상 이용하는 것 아닐까 상상했다. 좀 전까지 보이지 않던 아주머니가 나와서 봉지를 꺼냈다. 나는 아저씨가 험상궂은 손님이 있으니 천천히 나오라고 귀띔을 해준 것이 아닐까 생각했다. 아니면 두 사람은 이런 경우 언제 나오는 게 적절한지도 오랫동안 맞춰온 것인지 몰랐다.

슈퍼루인들

슈퍼 주인들

자매가 운영하던 그 슈퍼를 회상할 때면 우린 '언니'나 '동생'이 아니라 '내가 언니로 알았던 사람' 혹은 '언니가 틀림없는 사람' 식으로 얘기하곤 한다. 내가 당연히 언니라고 생각했던 분을 아내는 당연히 동생이라고 생각했기 때문이다. 심지어 내 눈에 두 사람은 엇비슷한 나이로 보이지도 않았다. 내가 언니라고 생각했던 분은 분명 꽤 언니였다. 그런데 아내에겐 꽤 어린 동생으로 보인다니 참으로 이상한 일이었다.

아무튼 계산할 때 한번 물어보았으면 해결되었을 그 문제는 자매가 다른 이들에게 슈퍼를 넘긴 지 오래인 지금도 결론이 나지 않았다. 그래서 여전히 이렇게 표현을 하고 있다. '내가 동생이라고 확신했던 분.' 그분은 특이하게 목소리가 방송인 같았다. 방송인 중에서도 '정오의 희망곡'을 진행해도 될 것 같은 활달하고 붙임성 있는 말투였다. 가볍게 인사만 하고 사라지는 나 같은 손님에게는 그 특유의 "안녕히 가세요"가 꽤 긴 문장처럼 들리곤 했다. 인사만 하는 건데도 내 사생활을 꿰뚫어 보고 있는 느낌이었다.

반면 '내가 언니라고 확신했던 그분'은 뭔가 사연이 있는 것처럼 조용하고 무뚝뚝한 표정이었다. 계산대 앞에서 뭘 고를까 고민하던 어린이들에게 살짝 던지던 말투를 보면 본래 바탕이 냉랭한 분은 아니라는 느낌도 들었다.

이 이야기는 이쯤 하기로 한다. 가벼운 것도 못 물어보는 성격인 데 비해 지나치게 많은 짐작을 하고 있다는 기분이 들기 때문이다.

설비평가

설비업자

설비업자는 전화를 받은 것을 후회했다. 며칠 새 동파 건수가 많아 쉴 틈이 없었기 때문이다. 오늘 맡은 건물의 옥상에서는 인근이 한눈에 내려다보였다. 추위는 한풀 꺾였지만 아직 땅이 얼어 있었다. 의뢰인이 다른 해빙 업체들은 통 전화를 안 받더라고 불평을 해서 그는 이유를 알려주었다. "전화를 받으면 일을 할 수가 없거든요."

수증기를 한참 쐬어봤지만 물은 나오지 않았다. 단단히 언 모양이었다. 파이프를 잘라야 했다. 건물 밖에 세워둔 트럭과 옥상을 오가며 파이프를 자를 준비를 하는 사이 수리비를 낼 의향이 없는 주민 한 명이 나타나 투덜대기 시작했다. 그는 대놓고 항의할 자신은 없었는지 허공에 대고 투덜댔다. "아니, 그래서, 잘라보고, 안 나오면 출장비는 누가 낼 거야? 응? 누가 내냐고."

그러나 동파로 이미 며칠간 고생한 다른 주민들은 한번 잘

라보자고 했다. 설비업자는 파이프만 자르면 일단 해결이라는 듯 여유를 부렸다. 이런 말까지 했다. "며칠 안 나오니까 물이 참 귀하다 싶으시죠?"

잠시 후 파이프가 속을 드러냈지만 안에 차 있을 줄 알았던 얼음은 보이지 않았다. 파이프 속은 그냥 텅 빈 상태였다. 어딘가 저 아래 땅 밑에서 얼은 것 같았다. 투덜대던 주민이 기가 차다는 듯 또 투덜대고 내려갔다. "허! 것 봐! 무슨!" 설비업자는 한나절을 허비한 것이 허탈했다. 다행히 다른 주민들이 나름 열심히 일한 그에게 출장비를 챙겨주었다. 그러나 그는 더 이상 물의 고마움 같은 것에 대한 이야기는 하지 못하고 짐을 챙겨 내려왔다.

하루가 지나 또 그 건물에서 연락이 왔다. 이제 물이 나오기 시작했는데, 수리한 부분이 터져 빌라 전체가 물바다가 되었다는 것이었다. 옥상의 물바다 한가운데에서 그는 파이프의 이음새를 다시 단단히 조였다. 그리고 이것이 마지막이길 빌며 축축한 통로를 서둘러 빠져나왔다.

복음은 교회의점

목 좋은 편의점

역에서 가까운 길목의 편의점은 작지만 목이 좋은 편이었다. 그러나 일하는 사람이 골초인지 계산대 근처에서 항상 담배 냄새가 나곤 했다.

어느 해에 편의점 맞은편에 거대한 건물이 올라오기 시작했고, 주변 사람들은 무슨 건물일까 관심이 많았다. 편의점 사장이 얼핏 정보를 알고 있다는 듯 보건복지부 건물이 들어올 예정이라는 소문을 전했다. 변두리인 이곳에 정부 기관이 들어온다는 것을 의심하는 사람은 없었다. 그저 모두가 주변이 많이 바뀌겠구나 생각만 했다. 그러나 건물이 다 지어지고 간판이 붙자, 그곳은 보건복지부가 아닌 '건강식품 회사'임이 드러났다.

건강보조제를 파는 건물은 보건복지부만큼 으리으리한 곳이었다. 거대한 관광버스들이 주차장을 메우기 시작했고, 중국인 관광객들이 내리고 올라탔다. 이윽고 관광객부터 주차관

리인들까지 모두가 그 작은 편의점을 이용하게 되었다. 편의점에서는 여전히 담배 냄새가 났지만 장사가 쏠쏠했고 언제나 몇몇 관광객들이 그 앞을 서성였다.

그러나 팬데믹이 시작되고 관광객들이 사라지고, 그 건물도 편의점도 한가해졌다. 편의점 안에 있는 세 사람, 누가 주인이고 매니저이고 알바인지 모를 그들은 수시로 앞에 나와 담배를 피우고 들어갔다. 그들은 함께 즐기는 게임도 있는 것 같았다. 장사가 잘될 때고 안 될 때고 그들은 즐거워 보였다. 그곳은 그들의 아지트였다.

백지

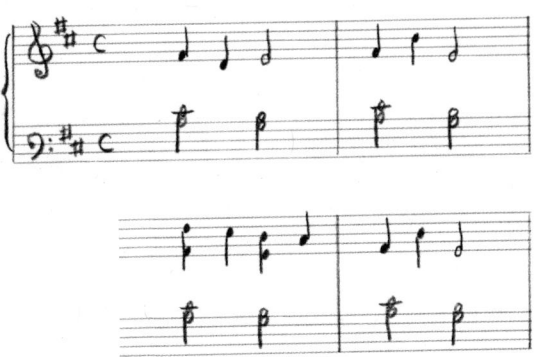

백로

그런 날이 있는 법이다. 버스에서 내렸는데도 곧장 집으로 가기 싫고 정처 없이 걷고 싶은 날이. 그러나 근처는 정처 없이 걸을 만큼 넓지 않았다. 대부분이 아는 곳이었다. 또 이미 늦은 밤이었다. 일탈의 분위기를 낼 만큼 멀리 가고 싶지는 않았다.

그는 길을 벗어나 잠시 천변으로 내려갔다. 날씨가 쌀쌀해 운동하는 사람들도 없었고, 하늘에는 별이 조금 있었다. 조금만 걷다가 올라가자고 생각했다. 물가의 나무들이 검은 실루엣으로 변한 가운데, 도로의 가로등 불빛이 물 위에 비치고 있었다.

어둠 속에서 백로를 본 것은 그때였다. 천에 백로가 있다는 것은 알고 있었다. 그러나 백로가 그 시간까지 풀숲 한가운데에 서서 조용히 침묵을 지키고 있는 줄은 몰랐다. 언뜻 보일 뿐이었는데도 백로가 한 다리로 서 있다는 것을 알 수 있었다. 그런 자세로 마치 지난 추억을 응시하듯 멀찍이 어딘가를 보고 있었다.

그는 멀리 가지 못하고 몇 분쯤 서서 백로를 지켜보았다. 저렇게 컴컴한 수풀 속에서 가만히 서 있는 건 어떤 기분일까. 춥진 않을까. 그런 상상을 하다 보니 슬슬 올라가고 싶어졌다. 정처 없이 걷고 싶었던 마음이 왜 어둠 속의 백로로 만족이 되었는지 모른 채 그는 집으로 향했다.

편의점 주인

편의점 주인

작곡가는 어느 날 밤 집으로 오다 생각했다. 편의점이 있던 자리와 그 주인이 항상 힘들어 보였던 것을. 주인은 친절했지만 말수가 적었고, 오히려 쑥스러움을 타는 성격 같았다. 앞을 지날 때면 계산대에 앉은 옆모습이 보였는데, 무언가 걱정이 있고 마지못해 편의점을 하고 있는 느낌이었다.

맞은편에는 산으로 올라가는 길이 있었고, 그는 곧잘 그 입구에서 담배를 피웠다. 그러다 손님이 오면 비벼서 끄고 서둘러 길을 건너왔다. 그의 담배 피우는 모습도 그리 즐거워 보이지는 않았는데, 그저 숨통을 틔우고 있는 것 같았다.

작곡가는 그 산길의 입구로 사라진 편의점 위치를 겨우 짐작할 수 있다는 데 놀랐다. 좀 더 떨어진 곳으로 이사한 뒤 그곳을 다니지 않게 되었고, 더더욱 잊고 지냈던 것이다. 그 자리에는 신축 빌라가 들어서 있었다. 인조 대리석을 붙인 건물 1층에는 낮에 시멘트로 만들어둔 화단 자리가 굳어가는 중이었다.

작곡가는 문득 그 편의점 주인의 인생이 어떻게 진행되었을지 궁금해졌다. 그는 다른 곳에서 다른 일을 하면서 비슷한 표정으로 있을 가능성이 더 컸다. 부디 그 일터 앞에도 숲으로 이어지는 은밀한 곳 한 군데가 있기를 기원했다.

은행알 참새들

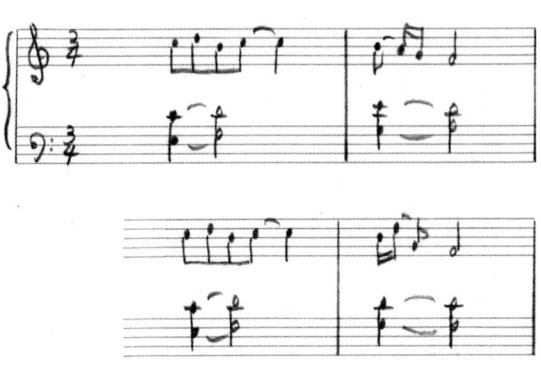

은행 앞 참새들

작곡가는 버스 안에서 공사장을 내다보았다. 흙더미와 철근 뭉치들이 뒤엉켜 있었고, 그 더미 위에 포클레인이 멈춰서 있었다. 주변은 이미 새 아파트들이 들어서 있었고, 이곳도 마지막으로 아파트가 들어서나 보다 생각했다. 이 자리에 뭐가 있었지? 횟집과 청과류 상점, 피자집, 커피숍 체인. 그러고 보니 은행도 있었다.

작년쯤 그 은행 앞에서 휴대폰으로 참새들을 찍었었다. 은행 앞에는 인도를 사이에 두고 구둣방이 있었는데, 꽤 많은 수의 참새가 구둣방과 은행 사이를 주기적으로 오가곤 했다. 은행 화단의 향나무 안에 가득 숨어 있던 참새들은 우르르 다시 구둣방 앞으로 자리를 옮겼다. 친절한 구둣방 주인이 먹이를 잘 주어 그런가 보다 생각했다. 그런 곳들은 차츰 주인도 본업을 잊은 듯 참새를 돌본다. 그리고 구두보다는 참새로 기억된다.

구둣방이야 그렇다 쳐도 은행은? 그는 은행의 브랜드는 기억나지 않고 참새만 기억나는 게 신기했다. 재개발 현장을 보며 별다른 감정을 느끼지는 않았다. 서울에서는 언제나 그런 풍경을 보아왔기 때문이다. 그러나 오늘 버스 안에 앉아 문득 씁쓸한 생각이 들었다. 그 참새들은 어떻게 된 거지?

그러나 버스가 좀 더 앞으로 움직이자 사라진 줄 알았던 그 구둣방이 보였다. 그리고 그 앞에서는 여전히 참새들이 우르르 날아오르고 있었다. 그는 참새들이 어디로 날아오르는지 보려고 했지만 버스가 출발하는 바람에 놓치고 말았다. 참새들은 어디로 계속 날아올랐던 걸까? 공사장의 담장 위로? 이제는 존재하지 않는 은행의 화단 위로?

2악장

결국 인생의 문제는 모니터

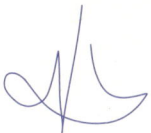

○

무대의 스피커는 객석을 향하고 있다.

그래서 무대 안쪽이나

스피커 뒤에 있는 연주자들에게는

관객이 듣는 '그 소리'가 잘 들리지 않는다.

○

이건 우리 대부분이 인생을 살아가며

의사소통을 하다가 자주 겪는 그런 상황이다.

○

거기에 더해 공연 중의 무대는 시끄럽다.

자기 연주조차 잘 들리지 않는다.

한마디로,

'내가 지금 말을 하고 있는데,

뭔 말을 하고 있는지는 모르겠는 상태.'

익숙하지 않은가?

○

다행히 무대에는 모니터 스피커라는 것이 있다.

연주자가 자신의 소리를 들을 수 있도록

연주자를 향하고 있는 작은 스피커이다.

문제는 이 스피커가 없는 경우가 많다는 것이다.

그럴 때는?

'내가 지금 뭔 말을 하고 있는지 모르지만,

제대로 말을 하고 있을 거라고 믿고' 한다.

○

모니터 스피커가 있는 공연장의 경우

그 스피커는 보통 연주자의 발치에서

비스듬히 연주자를 올려다보고 있다.

그러나 거기에서 나오는 소리라고 해서

관객들이 듣는 '그 소리'와 같은 것은 아니다.

이건 마치 거울로 내 모습을 볼 수는 있지만,

그게 남이 보는 내 모습과 같지는 않은 그런 원리이다.

○

다만 이 '소리의 거울'이 있으면
연주자는 자신이 대충 어떻게 '들리는지'
짐작을 할 수가 있다.
또 밖에서는 꽤 다르게 들리더라도
나 듣기 좋게 해놓고 연주를 할 수도 있다.
반대로 타인에게는 꽤 괜찮게 보이는데
거울로 보는 내 모습은 끔찍한 경우도 있다.
이럴 때 연주자들은 말한다.
"오늘 좋았다고? 안에서는 끔찍했는데?"

○

사실 모니터 스피커는

거울보다 복잡하다.

공연장에 일찍 와

모니터 스피커가 '나의 거울'이 되어줄 때까지

리허설을 해야 한다.

○

무대의 연주자들은

객석과 무대 사이를 순간 이동할 수 없기 때문에

- 주관과 객관을 동시에 유지하는 건 어렵다 -

무대 밖은 엔지니어에게 맡긴다.

그리고 무대에 앉아

모니터 스피커 소리가 편안하게 들릴 때까지

엔지니어에게 이런 저런 의견을 준다.

이런 식으로.

"지금 목소리는 딱 좋은데, 기타가 좀 작네요."

○

이렇게 해서 모니터가 마음에 들게 되더라도
객석에서 듣게 될 '그 소리'는 여전히 알 수가 없다.
"밖에 잘 나가고 있죠?"라고 묻고 안심할 수밖에 없다.
아니면 나를(내 모습을, 내 소리를) 잘 아는 한 명을
객석으로 보내 들어보라고 하거나
라인이 굉장히 긴 기타를 메고 객석으로 걸어 나가
나머지 멤버들의 연주를 듣는 방법도 있다.
그러나 대부분은 그렇게까지 하지는 않는다.
"어때? 평소의 나와 비슷해?
대충 비슷하다고? 그럼 됐어."

○

문제는

무대에 꼭 혼자 있는 것은 아니라는 것이다.

많은 경우, 밴드로 있다.

○

이제 여러 사람의 거울이

골고루 잘 보여야 하는 문제가 시작된다.

게다가 이 거울은 하나씩 주어지지 않는다.

둘씩 같이 보거나

모두가 함께 보게 되어 있다.

○

같이 거울을 보게 된 사람끼리는 이런 대화가 오간다.

"난 내 소리가 더 컸으면 좋겠어."

"난 충분히 큰데?"

"그래? 음……. 그럼 됐어. 이대로 가자고."

○

혹은 이런 대화.

밴드 멤버: "저쪽 베이스 소리는 줄여주시고요.

제 기타 소리는 살짝 올려주세요."

엔지니어: "죄송하지만, 모니터가 하나로 묶여 있어서……."

이것은 거울이 커다랗게 하나라는 뜻이다.

누구는 잘 보이고 누구는 안 보여도

할 수 있는 게 없다는 뜻이다.

이 상황을 관객은 알까? 당연히 알기 힘들다.

○

경험 많은 연주자들은

이런 상황을 많이 겪었기에 크게 놀라지 않는다.

이제 곧 공연이 시작될 것이고,

대기실로 이동해 컨디션을 조정해야 할 때다.

○

공연이 시작되고,

소리는 관객들의 몸에 흡수되고 반사되며 한 번 더 변한다.

운에 따라 무대 위의 소리가

리허설 때보다 꽤 좋을 때도 있다.

물론 나쁠 때도 있고.

하지만 일단 공연이 시작되면

중간에 멈추어 모든 걸 다시 조정하는 경우는 드물다.

○

공연이 끝나면

연주자도 좋았고 관객도 좋았다고 할 때도 많다.

그러나 무대에서 꽤 좋은 줄 알았는데

객석에서는 어느 악기 소리가 잘 안 들렸다고 하는 경우도 있다.

반대로 무대에서 진땀을 빼며

'오늘 공연은 엉망이구나' 했는데,

밖에서는 꽤 좋았다고 할 때도 있다.

이럴 때 타인의 시선을 더 신경 쓰는 사람은

"그래? 그랬다니 다행이네"라고 마무리할 것이다.

반대로 내 기분이 중요한 사람은

"그래도 난 정말 힘들었어"라고 할 것이다.

○

어떤가.

익숙하지 않은가?

모든 게 인생과 똑같다.

3악장

대기실 유형 연구

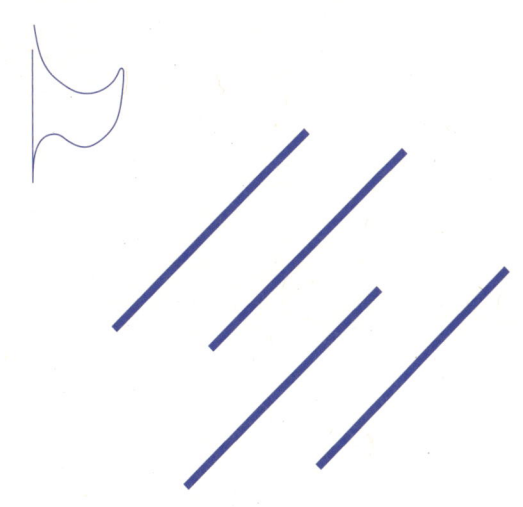

● 공연자
○ 관객
✶ 무대

이 글은 월간 〈공연과 건축〉에 연재했던 글을 모은 것으로(물론 농담이다), 공연자가 아니면 쉽게 가볼 수 없는 대기실이라는 공간의 유형을 분류하고 있다. 대기실은 텅 빈 무대에 비해 흥미로운 구조를 갖고 있으며, 공연자들이 무대보다 오래 머무는 곳이다. 그러나 무대에 비해 덜 주목받는다.

1-1. 바 내부형

의외로 클럽에 이런 대기실이 많다. 공간이 좁다 보니 무대와 객석 말고는 대기할 곳이 바 안쪽밖에 없기 때문이다(물론 이런 경우 기타만 두고 근처를 산책하다 오는 쪽을 택하는 공연자도 있다). 공연자는 바 담당 직원 옆의 어두운 구석에 앉아 있다가 순서가 되면 나간다. 악기는 보통 바 내부에 보관한다.

1-2. 바 외부형

술 마시러 온 손님처럼 바 의자에 앉아 있다가 공연하러 나가는 '웨스턴 느낌'의 대기실이다. 바 안쪽에 머무는 바 내부형과 구분된다. 이 경우 보통 악기는 바 내부에 보관한다.

2. 주방형

바 내·외부형에 비해 더 깊숙한 형태이다. 보통 주방을 차지한 스테인리스 도구들 옆의 간이 의자에 앉아 순서를 기다린다. 주방 중에는 입구에 천 하나를 늘어뜨려 내부를 가린 곳이 많기 때문에 대기실로 손색이 없다.

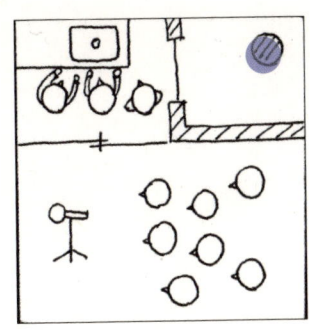

3. 안방형

공연 주최자의 방에서 대기하는 조금 희귀한 형태이다. 필자는 오래전 한 가정집에서 마련한 파티에 초대되었는데, 주인들은 음식을 준비하느라 주방에 있었고 거실에는 이미 관객들이 와 있어 나갈 수가 없었다. 필자가 안내받은 곳은 주인의 화장대가 놓인 방이었고, 지인들이 흘끔 들여다보며 인사를 할 때에는 토속 신앙 때문에 잠시 격리되어 있는 존재가 된 기분이었다.

4. 야외형

'대기실이 없는 곳'과 외형상 차이가 없다. 다만 야외의 한 곳에 자발적으로 머무는 곳이 형성된 경우이다. 필자는 한 해변에서 열린 공연 때 바다가 보이는 제방 위에 앉아 기타 연습을 한 적이 있다. 그런 곳에 가면 누구나 임시 천막보다는 그 자리를 택하게 되는데, 그곳이 바로 야외형 대기실이다.

5. 화장실 내장형

긴장 속에 대기해야 하는 공연자들에게 화장실은 중요한 문제다. 그러나 큰 극장이 아니고서야 대기실에 화장실이 딸려 있는 곳은 드물다. 문제는 딸려 있더라도 여러 공연자가 한 공간에 모여 있으면 그 화장실을 쓰기가 불편하다는 것이다. 이런 경우 밖으로 나가 로비를 통과해야 하는 관객용 화장실에 다녀오기도 한다. 물론 관객 입장 시간이 얼마 남지 않았다면 화장실에서 일찍 온 관객과 마주칠 위험이 있다.

6. 화장실 공유형

관객과 화장실을 같이 쓰는 흔한 형태이다. 이 경우 공연자들은 입장 시간이 가까워지기 전에 화장실을 미리 이용한다. 역시 화장실에서 관객과 머쓱하게 인사할 부담이 있기 때문이다.

7. 화장실 분리형

대기실은 무대 가까이에 있고 화장실이 먼 경우(가령 객석 뒤편)이다. 여러 팀이 공연하는데 첫 팀이 이미 공연을 시작했으면 다음 팀은 화장실에 가기가 힘들다. 무대를 전환하는 시간이라도 힘든데 빼곡한 객석을 통과해야 다녀올 수 있기 때문이다. 그래서 공연자들은 리허설 직후 미리 화장실을 이용하거나 아예 대기실을 포기하고 객석 뒤편에서 공연을 보며 자신의 순서를 기다린다.

8. 무대 옆 화장실

매우 독특한 사례로 인천시에서 한 번 본 적이 있다. 무대와 화장실이 가까운 것은 언뜻 장점으로 보이지만 관객의 시야 안에 무대와 화장실 입구가 한눈에 들어오는 것은 미관상으로도 풍수의 관점에서도 썩 좋은 일이 아니다. 공연자에게도 좋지 않은데, 관객들이 이미 입장한 상태에서 공연자가 화장실에 간다면 지나친 주목을 받는 상황에 놓이기 때문이다. 관객들의 시선을 느끼며 화장실에 들어갔다 다시 나오는 상황은 공연자에게 무척이나 긴 시간으로 느껴진다.

9. 사무실형

무대 옆의 사무실을 대기실로 쓰는 형태로, 흔히 볼 수 있다. 머무는 시간이 긴 경우 직원들의 집기나 벽에 붙은 오래된 공연 포스터들을 자세히 보게 된다. 또 직원 의자에 앉아 대기하라고 안내받는 경우도 있다. 이럴 땐 사무실을 더 자세히 보거나, 앉아만 있기가 미안해 너무 바쁜 직원의 일을 돕게 되기도 한다.

10. 복층형

계단으로 연결된 공연장의 복층에 대기실을 마련한 독특한 유형이다. 구미시에서 본 이 유형의 대기실은 다락방 형태로 꽤 안락했는데, 객석과 수직으로 구분되어 있다는 점이 독특했다. 단, 계단에서 내려오는 과정에서 미리 입장한 관객들의 적잖은 관심을 끌 수 있기에 일부 공연자에게는 부담스러울 수 있다. 반대로 극적인 등장을 즐긴다면 선호할 수 있는 유형이다.

11. 옆집형

어느 집 하나를 빌려 대기실로 쓰는 방식이다. 보통 일회적으로 열리는 마을 행사에서 볼 수 있는 유형이다. 담당자가 '모시러' 올 때까지 그 집에 있게 되는데, 집에 있기 불편해 행사를 구경하러 나가는 게 보통이다. 사무실형과 마찬가지로 그 공간의 집기를 너무 자세히 보게 된다.

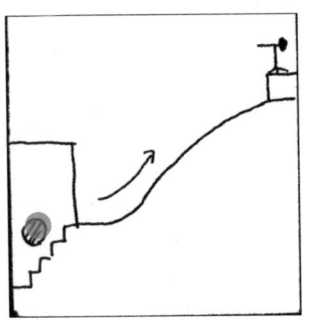

12. 지하실형

서울시에서 본 독특한 유형으로, 비탈에 지어 한쪽에서는 1층 이지만 위쪽에서는 지층인 건물에 대기실이 마련되었다. 무대는 비탈 위 숲속에 있었고, 순서가 되면 공연자들은 지하에서 나와 언덕을 조금 걸어 오른 뒤 무대 옆의 작은 대기 공간에 도착할 수 있었다. 복층형과 반대로 수직으로 올라가며 입장하는 형태이다.

13. 조정실형

라디오 방송국에서 출연자가 대기하는 곳이 보통 이런 형태이다. 공연자는 DJ가 앞 순서를 진행하는 동안 PD와 엔지니어, 방송 작가의 옆모습이 보이는 소파나 의자에서 대기한다. 앉아서 긴장한 채 대본을 읽게 되는 자리 옆에는 다 쓴 대본 이면지를 던져놓는 상자가 놓여 있을 때가 많다.

14-1. 천막형

록 페스티벌 같은 야외 행사에서 많이 쓰이는 유형이다. 바닥은 지면 그대로이고, 간이 테이블과 간이 의자를 사용한다. 악기들은 보통 바닥에 세운 채 간이 테이블에 기대어 놓거나 아예 차 트렁크에 둔다. 이런 대기실에서 재미있는 소품은 전신 거울이다. 잔디가 나 있거나 땅이 조금 축축한 곳에 전시 거울이 놓인 풍경은 이런 곳이 아니고서야 보기 힘들다. 또한 이런 대기실에서는 무대의 소리나 옆 팀의 소리가 무척 잘 들린다. 옆 천막에서 대기하다가 지루한 나머지 잠시 천막 밖으로 얼굴을 내민 유명인을 보게 되는 경우도 있다.

14-2. 모래사장형

천막형 대기실을 해변의 모래사장으로 옮겨놓은 유형이다. 해변 축제에서 흔히 볼 수 있다. 간이 테이블과 의자 밑에는 흰 모래가 있고, 전신 거울은 모래 위에 놓인다. 단점은 악기 가방과 신발 안으로 끝없이 모래가 들어올 수 있다는 것. 바닷가의 햇볕을 즐기기 위해 한쪽 천막을 걷어두는 경우 거울에 해변이 비쳐 살바도르 달리의 그림과 같은 초현실주의적인 운치가 만들어지기도 한다.

15-1. 자동차형

'차라리 차에 가 있는' 유형으로 대기실이 썩 마음에 들지 않거나 대기실에서 다른 출연자들과 시간을 보낼 만큼 사교적이지 않거나 경호가 필요한 유명 연예인들이 자주 쓴다.

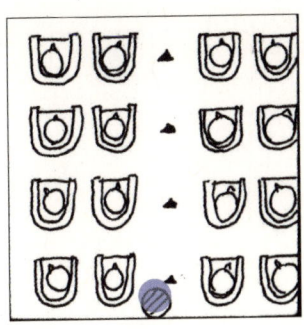

15-2. 기차형

하나의 유형으로 삼기에는 너무 희귀하지만 기차 객실에서 '입석 형태로' 대기하는 유형이다. 한때 춘천마임축제가 열차를 타고 축제에 가는 관객들을 위해 객실 안 공연을 기획한 적이 있었다. 공연자들은 통로를 따라 이 칸 저 칸 옮겨 다니며 공연했고, 공연 전에는 당연히 흔들리는 열차 한구석에서 대기했다.

16. 테라스형

공연장이 두 층에 걸쳐 있을 정도로 높고, 대기실을 2층에 만든 유형이다. 앞 순서의 공연이 시작되면 실내등을 끄는 조건으로 커튼을 걷고 조용히 공연을 볼 수도 있다. 위치 면에서 복층형과 비슷한 시선을 제공한다.

17-1. **객석형**

그냥 객석에 함께 있는 유형이다. 관객이 많지 않아 빈 좌석이 많은 클럽에서 흔히 볼 수 있다. 공연자는 객석에 앉아 앞 순서의 공연을 보다가 조용히 일어나 무대로 나간다. 연대의 의미가 강한 공연이라 객석과 무대의 구분이 없는 곳에서도 많이 쓰는 유형이다. 이런 곳의 공연자는 모두와 함께하기 위해, 따로 마련된 대기실 대신 객석에 앉는 경우도 있다.

17-2. 잔디밭형

객석형의 야외형 버전이라고 볼 수 있다. 잔디밭에 관객과 함께 앉아 공연을 보다 무대에 오르는 형태이다. 천막형 대기실이 마련되어 있지만 다른 팀이 너무 공간을 많이 차지하고 있는 경우에도 이런 형태로 대기하게 된다.

18. 매대형

공연장이 좁고, 공연자와 기획자가 친해 표를 받는 곳에 함께 앉아 있는 경우이다. 팬과 인사하는 것을 즐기는 공연자라면 나쁘지 않은 유형이다. 공연이 끝나면 즉석 사인회가 열리기도 한다.

19. 카페형

대기실이 마땅치 않아 근처 카페에 가 있는 유형. 함께 공연하고, 친분도 있는 공연자들이 지나가다 보고 인사하러 들어와 모두 눌러앉게 되는 형태이다.

20. 전통형

전통 가옥에서 공연이 열리는 경우에 볼 수 있다. 공연자는 장지문과 병풍이 있는 방에서 좌식으로 대기하게 된다.

21. 사찰형

전통형과 유사한 형태로 방석과 다기들이 놓여 있는 공간에서 대기하게 된다. 사찰음악회에서 흔히 볼 수 있는 형태의 대기실이다.

22. 파티션형

한 공간에 파티션을 세워 여러 팀이 사용하는 형태의 대기실이다. 필자는 이틀에 걸친 행사에서 첫날은 어느 나라의 한 가족으로 구성된 기예단과, 둘째 날은 마리아치 밴드와 함께 쓴 적이 있다. 첫날은 기예단이 몸을 푸는 모습을 보았고, 둘째 날은 필자의 곡을 듣고 파티션 너머의 기타리스트가 즉흥적으로 따라 치는 음악적 교감을 경험하기도 했다.

23. 미로형

대기실에서 무대에 이르는 경로가 너무 길고 복잡한 유형. 오래된 공연장에 의외로 많다. 담당자도 설명을 포기하고 데리러 오겠다고 얘기하는 경우가 많다. 공연자는 리허설을 마치고 앞 팀 공연을 보러 무대 근처에 갔다가 공연 시간이 얼마 남지 않았다면 그냥 바로 무대에 오르는 쪽을 택한다.

24. 자택형

10여 팀이 참여하는 긴 공연에서는 자정 무렵 무대에 오르는 팀이 오후 1시에 리허설을 하는 경우도 있다. 이때 대기실에서 만난 지인들과 인사를 나누던 공연자는 다른 몇 팀의 리허설을 조금 구경하다 차라리 집에 다녀오는 쪽을 택할 확률이 높다.

4악장

무대에 대한 단상

공연이 없는 날의 어느 야외무대는 너무나 소박하다. 바닥 위로 10cm 올린 단일 뿐이다. 때로는 빗물이 고여 있고 낙엽이 덮여 있기도 하다. 또 어떤 곳의 무대는 그어놓은 하나의 선에 불과하다. 신기하지 않은가. 이것 하나로도 사람들은 암묵적 약속을 받아들인다. 여기와 저기. 그 구분을 믿기. 진짜인 듯 믿기.

무대는 감쪽같지 않아도 된다. 무대 위의 나무는 꼭 실제와 같을 필요가 없고, 의자 하나도 카페가 된다. 스탭들은 대기실로 이어지는 커튼을 꼼꼼히 닫고, 안쪽의 불도 끈다. 그러나 관객들은 안다. 그리로 사람이 드나든다는 것을.

우리는 충분히, 알면서도 모른 척할 수 있다.

그러나 때로 우리는 알면서도 궁금해한다.

'무대 뒤'도 하나의 이야깃거리가 되는 것은 그 때문이다. 사람들은 무대 뒤의 고충과 바쁜 움직임, 드러난 뼈대를 본다. 백조의 바쁜 발놀림을 본다. 또 우리와 다를 게 없는 배우들을 본다. 약속에 늦고, 비슷한 음료를 마시고, 긴장하는 사람들을.

그러나 그것을 본다 해서 무대의 효과가 사라지는 것은 아니다. 커튼이 닫히고, 장내에 불이 꺼지면 우리는 다시 예전의 구분, 약속으로 들어갈 수 있다. 어떤 이들은 감흥이 예전 같지 않다고 말한다. 또 어떤 이는 "자꾸 무대 뒷모습이 겹쳐 집중할 수 없었어"라고 말하기도 한다. 그러나 대부분은 큰 지장 없이 본다.

무대 뒤를 완벽히 감추어 환상을 유지하는 것은 확실히 지난 시대의 스타일이고, 무대 뒤를 드러내는 것이 점점 세련된 것이 되어왔다. 소격효과가 그랬고, 누벨바그 영화들이 그랬다.

요즘은? 무대라는 것 자체가 얼마나 고풍스러운 것인지. 출연자들은 묻는다. "아, 카메라가 벌써 돌아가고 있었나요?"

예능 카메라는 무대 뒤를 넘어 '출퇴근길'과 집 안까지 따라간다. 침대와 욕실, 냉장고 속과 먹고 있는 영양제들까지 보여준다.

때로 카메라는 잠드는 순간과 뒤척이는 순간까지 보여준다.

'다 보여주기'의 재미는 너무도 강력해 누구도 거부할 수 없다. 더불어 이 리얼한 무대에는 사생활 침해와 말실수 등 실제의 생활에 영향을 주는 위험 부담들이 따라붙는다. 그러나 그 모든 것을 고려하려 한다면 재미없는 사람이 될 뿐이다. 뒤는 생각하지 않는 이들이 환영받는다. 일단 모든 게 한껏 재미있기를, 나머지는 별 탈 없이 지나가기를 바랄 뿐이다.

일단 무대를 잊고 즐겨주기를, 그리고 어느 순간부터는 그저 무대였다고, 무대를 위한 것이었다고 여겨주기를.

그러나 이제 사람들은 그렇게 여겨주지 않는다.

무대 밖의 현실을 보며 재미있어 하던 사람들은 어느 순간 현실에 실망하거나 현실인 척 속였다고 분노하기 시작했다. 우리는 무대를 사이에 두고 적당히 속이고 적당히 속아줄 줄 알던 사람들이었다. 무대 위의 악당을 진짜 악당으로 믿는 이들은 극소수에 불과했다.

그러나 이제는 그런 사람들이 많아졌다. 어디까지가 무대이고 어디까지가 웃자고 한 농담인지 헷갈리기 시작했다. 심지어 무대 위의 사람도 헷갈리기 시작했다.

경계가 안 보이는 투명한 무대가 탄생한 것이다.

그리고 실제로 경계가 없는 순간도 있다.

점점 많은 이들이 현실을 보여주려다 '투명한 무대'와 현실을 구분하지 못해 하차했다. 누군가 애초에 그들에게 과함을 요구했을 것이다. 현실처럼 과할 것. 마음 놓고 과할 것.

그러나 그들은 곧 너무 과했다는 평가를 받았다. 그저 재미를 위한 것이었다고 변명할 수도 없게 되었다. 이제 무대와 현실에는 경계가 없기 때문이다. 무대에서 했던 과한 농담은 현실에서 한 농담이기도 했다.

공연이 없는 날의 어느 야외무대는 너무나 소박하다. 바닥 위로 10cm 올린 단일 뿐이다. 심지어 어떤 곳의 무대는 그어놓은 하나의 선에 불과하다. 그러나 우리는 그 선마저 지워 더 소박한 무대, 평면을 만들어냈다.

그래서 경계가 사라졌을까? 신기하게도 그 평면은 높게 솟아나 낭떠러지처럼 위태로운 무대가 되었다. 그리고 때로는 투명한 무대로, 때로는 두더지 게임처럼 어디서 튀어나올지 모르는 무대로 진화하고 있다.

마치며

특별할 건 없지만 온갖 일이 일어나는 곳

나는 서울에 살고 있지만, 사실 서울의 어느 '동네'에 살고 있다는 게 정확하다. 대부분의 시간에 같은 풍경, 같은 길을 오간다. 그래서인지 무엇이든 쓸 수 있는 이 자유로운 시리즈를 제안 받고도 이 동네가 떠올랐다. 특별할 건 없지만 온갖 일이 일어나는 곳 – 이 책의 계약 역시 그 어귀에서 이루어졌다.

피아노 악보가 포함된 글은 내가 마주쳤던 이웃들의 매력적인 기억에 바치는 작품이다. 도시의 이웃이란 깊이 알진 못해도 가장 많이 보게 되는 이들이다. 그 묘한 인연을 글과 음악이라는 '영원한 시간'으로 기념하고 싶었다.

'주제 멜로디'는 오래 품고 있던 도입부 같은 곡이었는데 이 글과 엮이며 형식을 찾았다. 악보가 곁들여진 옛 그림책들, 작곡가 에릭 사티의 소품들에 대한 애정이 섞여 있다.

무대와 대기실에 대한 단상들은 내 직업에 대한 '만담'으로 봐주면 좋겠다. 특히 농담처럼 얘기하던 '대기실 유형 연구'를 직접 써보는 일은 이상하고도 즐거웠다.

2022. 6

김목인

Credits

미공개 실내악

Writer	김목인
Composing	김목인
Scoring	김목인
Drawing	김목인
Recording	픽션들
Mixing	이민희
Artwork	이아립
Printing	세걸음